Anonym

Museumspädagogik

Museumspädagogische Ansätze im Gellert-Museum Hainichen

GRIN - Verlag für akademische Texte

Der GRIN Verlag mit Sitz in München hat sich seit der Gründung im Jahr 1998 auf die Veröffentlichung akademischer Texte spezialisiert.

Die Verlagswebseite www.grin.com ist für Studenten, Hochschullehrer und andere Akademiker die ideale Plattform, ihre Fachtexte, Studienarbeiten, Abschlussarbeiten oder Dissertationen einem breiten Publikum zu präsentieren.

Dokument Nr. V153579 aus dem GRIN Verlagsprogramm

Anonym

Museumspädagogik

Museumspädagogische Ansätze im Gellert-Museum Hainichen

GRIN Verlag

Bibliografische Information der Deutschen Nationalbibliothek: Die Deutsche Bibliothek verzeichnet diese Publikation in der Deutschen Nationalbibliografie; detaillierte bibliografische Daten sind im Internet über http://dnb.d-nb.de/ abrufbar.

1. Auflage 2009

http://www.grin.com/
Druck und Bindung: Books on Demand GmbH, Norderstedt Germany
ISBN 978-3-640-65822-0

Technische Universität Dresden
Fakultät für Sprach-, Literatur- und Kulturwissenschaften
Institut für Germanistik
Professur für Neuere deutsche Literatur und Kulturgeschichte
Wintersemester 2008/2009

Hauptseminarsarbeit zum Thema:

Museumspädagogische Ansätze im Gellert-Museum Hainichen

Inhaltsverzeichnis

1.) Einleitung

1.1) Vorbemerkungen zum Thema „Museumspädagogische Ansätze im Gellert-Museum Hainichen“

In Bezug auf das Hauptseminar „Autorschaft und Autorenmuseen“ möchte ich mich in meiner Hausarbeit mit dem Thema „Museumspädagogische Ansätze im Gellert-Museum Hainichen“ auseinandersetzen. Sowohl die Ausstellung als auch die gesondert angebotenen Programme wurden im Gellert-Museum nach verschiedenen museumspädagogischen Grundsätzen konzipiert, welche ich im Folgenden näher untersuchen möchte. Außerdem möchte ich mich insofern kritisch mit dem Gellert-Museum auseinandersetzen, dass ich das Museum mit den theoretischen Ausführungen zur Museumspädagogik und meinem persönlichen Eindruck vergleichen werde, um ein Fazit zu ziehen, welche als gelungene und weniger gelungene museumspädagogische Ansätze in diesem Museum angesehen werden können. Dabei müssen jedoch auch mögliche Ursachen, warum bestimmte Ansätze nicht oder nur schwer umgesetzt werden können, mit in die Betrachtung einbezogen werden.

Strukturieren möchte ich meine Hausarbeit wie folgt: Nach ein paar einleitenden Worten zur Geschichte, den Aufgaben und Zielen der Museumspädagogik werde ich im Hauptteil mein Hauptaugenmerk auf das Gellert-Museum in Hainichen richten und zuerst die Ausstellung aus museumspädagogischer Sicht betrachten, um dann die verschiedenen museumspädagogischen Programme darzulegen. Wie bereits angedeutet, soll es dabei darum gehen, die bei der Exkursion gesammelten Eindrücke und Erfahrungen mit den Forschungsergebnissen abzugleichen. Abschließend gilt es die wesentlichen Aspekte noch einmal kurz zusammenzufassen und zu beurteilen.

Während ich mich ausschließlich auf das Gellert-Museum und dessen museumspädagogischen Ansätze konzentriere, könnte man ebenso einen Vergleich zur Museumspädagogik in anderen Museen ziehen. Auch der Zusammenhang der Museumspädagogik mit den anderen Aufgaben und Bereichen eines Museums wäre ein weiterer genauer zu untersuchender Aspekt, den ich in meiner Arbeit allerdings nur teilweise einfließen lasse.

Was die Quellen- und Literaturlage anbetrifft, ist hervorzuheben, dass es zu dieser Thematik ausreichend Literatur gibt, da Museumspädagogik ein viel diskutiertes Thema sowohl seitens der Museologie als auch der Pädagogik ist. Aufgrund dessen lassen sich auch zwei zentrale Stränge aufmachen, zum einen handelt es sich dabei um Literatur, die sich mit dem Museum als Lernort und den damit verbundenen Lernzielen sowie den Möglichkeiten und Grenzen der

Museumspädagogik auseinandersetzt, und zum anderen um Literatur, die Auseinandersetzungen darüber, ob Museen überhaupt einen Bildungsauftrag haben, wie dieser konkret auszusehen hat und inwiefern dies eine sogenannte „Verschulung“ zur Folgen haben kann, zum Thema hat. Während ich mich vorrangig auf die erst genannte Literatur stütze und sich meine Hausarbeit auch aufgrund meines Studiums der Pädagogik eher in diese Richtung orientiert, komme ich jedoch nicht umhin, auch letztere Literatur für meine Betrachtung heranzuziehen.

Als vielzitiertes Standardwerk der Museumspädagogik ist Weschenfelders und Zacharias‘ „Handbuch Museumspädagogik. Orientierungen und Methoden für die Praxis“[1] anzusehen, sodass ich auch das für meine Literaturrecherche herangezogen habe. Für einen Gesamtüberblick zur Thematik Museumspädagogik waren mir die Monographien „Das Museum und die Dinge. Wissenschaft, Präsentation, Pädagogik“[2] von Diethard Herles und „Besucher im Museum - ratlos? Problemstudie zur pädagogischen Arbeit in Museen und Kunstvereinen“[3] von Nuissl/ Paatsch/ Schulze besonders hilfreich. Die Vorteile und Möglichkeiten der Nutzbarmachung des Museums aus Sicht der Schule thematisiert Bernd Dühlmeier von der TU Dresden in seinem erst im vergangenen Jahr erschienenen Buch „Außerschulische Lernorte in der Grundschule“[4]. Zur gleichen Thematik sind auch die verschiedenen Aufsätze im vom Museums-Pädagogischen Zentrum München (MPZ) herausgegebenen Sammelband „Museumspädagogik für die Schule. Grundlagen, Inhalte und Methoden“[5] empfehlenswert. Ausführungen zu Mediendidaktik, die als direkt mit der Museumspädagogik verbunden gesehen werden muss, erhält man unter anderem von Anja Wohlfromm, die dazu eine Monographie mit dem Titel „Museum als Medium - Neue Medien in Museen. Überlegungen zu Strategien kultureller Repräsentation und ihre Beeinflussung durch digitale Medien“[6] publiziert hat.

[1] Weschenfelder, Klaus/ Zacharias, Wolfgang: Handbuch Museumspädagogik. Orientierungen und Methoden für die Praxis. Düsseldorf[3]: Schwann 1992.

[2] Herles, Diethard: Das Museum und die Dinge. Wissenschaft, Präsentation, Pädagogik. Frankfurt am Main/ New York: Campus Verlag 1996.

[3] Nuissl, Ekkehard/ Paatsch, Ulrich/ Schulze, Christa (Hgg.): Besucher im Museum - ratlos? Problemstudie zur pädagogischen Arbeit in Museen und Kunstvereinen. Heidelberg: AfeB 1987(= Berichte der AfeB; Bd. 20).

[4] Dühlmeier, Bernd (Hrsg.): Außerschulische Lernorte in der Grundschule. Baltmannsweiler: Schneider Verlag Hohengehren 2008.

[5] Museums-Pädagogisches Zentrum München (Hrsg.): Museumspädagogik für die Schule. Grundlagen, Inhalte und Methoden. München: MPZ 1998.

[6] Wohlfromm, Anja: Museum als Medium - Neue Medien in Museen. Überlegungen zu Strategien kultureller Repräsentation und ihre Beeinflussung durch digitale Medien. Köln: Herbert von Halem Verlag 2002.

1.2) Ein Überblick zur Museumspädagogik

Nach der kurzen Einleitung zu meinem Thema und der Forschungslage möchte ich in diesem Abschnitt einen knappen Überblick über die Geschichte, Aufgaben und Ziele der Museumspädagogik sowie die Möglichkeiten des Museums als außerschulischer Lernort geben.

Ein Besuch im Museum gehört zu verschiedenen Typen außerschulischen Lernens, das seine historischen Wurzeln in den drei pädagogischen Strömungen des pädagogischen Realismus im 17. und frühen 18. Jahrhundert, der Aufklärungspädagogik am Ende des 18. Jahrhunderts und der Anschauungspädagogik im 19. Jahrhundert hat. Als den wichtigsten Vertreter der ersten pädagogischen Strömung ist Johann Amos Comenius zu nennen, der sich in seiner „Großen Didaktik" von 1657 erstmals für die direkte Begegnung und Auseinandersetzung mit Objekten aussprach, damit sie für den Lernenden erfahrbar werden:[7] „sie müssen die Dinge selbst erkennen und erforschen und nicht nur fremde Beobachtungen und Zeugnisse darüber"[8]. Im Jahrhundert der Aufklärung ist Jean-Jacques Rousseau, der in seinem Erziehungsroman „Emil oder Über die Erziehung" von 1762 das erfahrungsorientierte und entdeckende Lernen propagierte, zu verorten. Zur Anschauungspädagogik ist schließlich Friedrich August Finger, der sich zwar zentral mit dem Heimatkundeunterricht befasste, dessen methodisches Kernstück aber der sogenannte „peripatetische Unterricht" war, zuzuordnen. Peripatein, also das Umherwandeln, meint Ausflüge, Lehrwanderungen und Exkursionen, die in den Unterricht integriert werden sollten, um eine „unmittelbare Anschauung der Dinge"[9] zu erzielen und das Lernen sowie die Motivation dadurch zu steigern.[10]

Im 19. Jahrhundert wurden Exkursionen, also die Einbindung von Museen in den Unterricht, hingegen weniger ernst genommen, was meines Erachtens unter anderem mit den pädagogischen Lehrmeinungen zur Zeit der industriellen Revolution und des Kaiserreichs ab 1871 zusammenhängt. Bei den Reformpädagogen des 20. Jahrhunderts spielten außerschulische Lernorte wieder vermehrt eine Rolle. Die bekanntesten Reformpädagogen, die den Einsatz außerschulischer Lernorte wie Museen präferierten, waren Alfred Lichtwark, Célestin Freinet und Peter Petersen. Trotz der verschiedenen reformpädagogischen Strömungen waren sich die Vertreter untereinander weitestgehend darüber einig, dass

---

[7] Vgl. Dühlmeier: Außerschulische Lernorte, S. 7.
[8] Comenius, Johann Amos: Große Didaktik. Stuttgart[7]: Klett-Cotta 1992, S. 112.
[9] Dühlmeier: Außerschulische Lernorte, S. 8.
[10] Vgl. ebd. S. 7f.

außerschulische Lernorte Lebensnähe zum schulischen Unterricht schaffen, ganzheitliches Lernen evozieren, Handlungsorientierung fördern und der Motivationssteigerung dienen kann.[11] Aufgrund der beiden Weltkriege kamen reformpädagogische Strömungen jedoch fast gänzlich zum Stillstand. Die Zeit danach kann als Restaurationszeit bezeichnet werden, da man maßgeblich auf frühere reformpädagogische Modelle zurückgriff und sie erweiterte. Als einer dieser Vertreter kann der ehemalige Volksschullehrer und spätere Pädagogik-Professor Heinz-Hermann Schepp gelten. Denn er erarbeitete auf den Grundlagen früherer reformpädagogischer Modelle ein fächerübergreifendes Konzept, das Unterrichtsthemen mit Exkursionen verband, um die Schule mit dem Lebensumfeld der Schüler zu verknüpfen.[12] Einen neuen Anschub bekam das außerschulische Lernen dann in den 70er Jahren, als in der BRD das Konzept „Öffnung der Schule" zum Tragen kam, das aus zwei Dimensionen, einer inneren und einer äußeren bestand. Während die innere Dimension sich auf den Unterricht an sich bezieht, meint die äußere die Nutzung außerschulischer Lernorte und die Einbeziehung von Experten in die verschiedenen Unterrichtsthemen. In den 70er Jahren entstanden zudem zahlreiche Lernorttheorien[13], die direkt mit dem außerschulischen Lernen verbunden sind, da sie die Schule als lediglich einen von vielen Lernorten sehen.[14]

Nicht nur seitens der Pädagogik wurden Museen betrachtet und eingebunden, auch innerhalb der Museologie wurden pädagogische Bestrebungen unternommen. Als bürgerliche Bildungsinstitution existiert das Museum erst seit circa 200 Jahren. Vorher handelte es sich eher um Museen, die Exponate zur reinen Betrachtung ausstellten und sich meist an ein bestimmtes, wissendes Publikum richtete, was jedoch weder etwas mit einem für alle zugänglichen noch nach pädagogischen Leitsätzen konzipierten Museum zu tun hatte.[15] Ab 1900 hatten die öffentlichen Sammlungen dann jedoch zunehmend die explizite Aufgabe als Bildungsinstitution zu fungieren, sodass sich im Zuge dessen beispielsweise 1871 eine „Gesellschaft für Verbreitung der Volksbildung" konstituierte, die sich zum Ziel gesetzt hatte, den Bildungsstandard bei Handwerkern und Proletariern anzuheben. Verschiedene Arbeiterwohlfahrtseinrichtungen organisierten zudem in größeren Städten wie Frankfurt speziell für Arbeiter Führungen und Vorlesungen in Museen, die von örtlichen Gymnasiallehrern betreut wurden.[16] Nach der Jahrhundertwende wurde die Institution

[11] Vgl. ebd., S. 9.
[12] Vgl. ebd., S. 12.
[13] Auf genauere Ausführungen zu den verschiedenen Lernorttheorien möchte ich an dieser Stelle verzichten und verweise daher auf Dühlmeier: Außerschulische Lernorte, S. 15-18.
[14] Vgl. ebd., S. 14f.
[15] Vgl. Wohlfromm: Museum als Medium, S. 11.
[16] Hense, Heidi: Das Museum als gesellschaftlicher Lernort. Aspekte einer pädagogischen Neubestimmung. Frankfurt am Main: Extrabuch 1985 (= Forschung; Bd. 18), S. 38f.

Museum demnach durch die allgemeine Volksbildungsbewegung der Öffentlichkeit und den Schulen zugänglich gemacht, aber aufgrund des Ersten und Zweiten Weltkrieges wurde diese Entwicklung unterbrochen.[17]

Zwischen den beiden Weltkriegen versuchte man zwar die museumspädagogischen Modelle umzusetzen, aber diese wurden sehr schnell von den nationalsozialistischen Ideologien vereinnahmt. Trotzdem versuchten vereinzelte Pädagogen wie Adolf Reichwein[18] in seinem Buch „Museum und Schule" dieser Vereinnahmung zu entgehen und weiterhin mehr oder weniger ideologiefrei museumspädagogisch tätig zu werden.[19] Nach dem Zweiten Weltkrieg wurden die museumspädagogischen Modelle erneut aufgegriffen und im November 1946 in Paris der International Council of Museums (ICOM), der sich sowohl um die Belange der Museumsentwicklung als auch -pädagogik kümmern sollte, gegründet. Die für museumspädagogischen Konzepte zuständige Abteilung Council of Education and Cultural Action (CECA) wurde schließlich im Sommer 1948 gegründet. In den folgenden Jahren wurden auf der ganzen Welt zahlreiche Seminare und Versammlungen abgehalten und Publikationen zum Thema „Museumspädagogik" veröffentlicht.[20] Außerdem wurden in Deutschland in den 60er und 70er Jahren verschiedene museumspädagogische Institutionen wie 1969 das Kunstpädagogische Zentrum in Nürnberg oder 1973 das Museums-Pädagogische Zentrum in München ins Lebens gerufen.

Den Ausschlag für die sprunghafte Entwicklung auf dem Gebiet der Museumspädagogik gaben zwei Bedingungen: zum einen die sogenannte Museumskrise in Deutschland und zum anderen die Initiative des Pädagogen Saul B. Robinsohn, der unter anderem 1959 in Hamburg Direktor des UNESCO-Instituts für Pädagogik wurde und wieder an die reformpädagogischen Ansätze vor dem Zweiten Weltkrieg anknüpfte. Auf Grundlage dieser Ansätze entwarf er eine neue Curriculumstheorie, die auch die Kooperation von Schule und Museum beinhaltete.[21] Hinzukommt weiterhin, dass in Deutschland und vielen anderen Staaten mit dem Ende der 60er Jahre ein tiefgreifender Wandel in der Politik eintrat, sodass man vermehrt auf Demokratisierung und Partizipation setzte, was auch an den Museen nicht spurlos vorbeiging

---

[17] Vgl. Wohlfromm: Museum als Medium, S. 14.

[18] Eine nähere Betrachtung des Lebens und Wirkens Reichweins würde an dieser Stelle zu weit führen, sodass ich dazu auf Hense: Das Museum als gesellschaftlicher Lernort, S. 42f. verweisen möchte.

[19] Vgl. Hense: Das Museum als gesellschaftlicher Lernort, S. 41.

[20] Vgl. Vieregg, Hildegard: Positionen museumspädagogischer Arbeit. In: Museums-Pädagogisches Zentrum München (Hrsg.): Museumspädagogik für die Schule. Grundlagen, Inhalte und Methoden. München: MPZ 1998, S. 39.

[21] Vgl. ebd., S. 40.

und die Museumspädagogik zur vermehrten Einbindung der Besucher statt dem bloßen Betrachten der Objekte auf den Plan rief.[22]

Obwohl bereits viele verschiedene museumspädagogische Ansätze von Reformpädagogen entwickelt worden waren, gab es in den 70er Jahren eine rege Diskussion zum Thema „Lernort contra Musentempel“[23], da man die Gefahr sah, dass es bei zu starkem Einlassen auf curriculare Vorgaben zur viel diskutierten „Verschulung“ des Museums kommen könne.[24] Als museumspädagogische Vorbilder, die vielfach auch auf die deutsche Museumspädagogik eingewirkt haben, sind Großbritannien, die Niederlande und die skandinavischen Länder zu nennen. Aus dem englisch sprachigen Raum kam vor allem der Ansatz des „learning by doing“.[25]

Während die Darlegung der historischen Entwicklung der Museumspädagogik noch recht einfach erscheint, ist sie begrifflich eher schwer zu fassen. Denn die Praxis und das Arbeitsfeld der Museumspädagogik ist äußerst uneinheitlich, da es zwar als Disziplin versucht verschiedene Wissenschaften zu integrieren, aber deren Auswahl und jeweiliger Anteil unverbindlich sind, was auch damit zusammenhängt, dass es viele verschiedene Museumstypen gibt. Denn die museumspädagogische Arbeit in einem Kunstmuseum sieht anders als in einem Literatur- oder Technikmuseum aus. Außerdem kommt die Museumspädagogik zwar in der Praxis immer mehr zum Einsatz, aber kann derzeit noch nicht beanspruchen, eine autonome Wissenschaft zu sein.[26] Hinzukommt, dass die Begriffe Pädagogik und Didaktik im Museumsbereich für viele verschiedene Dinge, sogar für die Öffentlichkeitsarbeit und Werbemaßnahmen, verwendet werden, womit sie jedoch nichts zu tun haben. Außerdem muss deutlich gemacht werden, dass die Begriffe Pädagogik und Didaktik keine Synonyma sind, wenngleich sie oftmals als solche verwendet werden. Einige Autoren zählen zur Didaktik nur die Mittel, vorgegebene Inhalte allgemeinverständlich aufzubereiten; andere halten die Festlegung der Ziele und Inhalte jedoch für genauso wichtig wie die Vermittlung. Dementsprechend ist die Museumsdidaktik die Lehre von der Vermittlung der Museumsinhalte; die Bestimmung der Ziele übernimmt hingegen die Pädagogik, sodass beide Disziplinen darüber miteinander verbunden sind.[27]

---

[22] Vgl. Rese, Bernd: Didaktik im Museum. Systematisierung und Neubestimmung. Bonn: Habelt 1995, S. 9f.
[23] Thematisiert wird diese Diskussion unter anderem in Friedrich Waidachers „Handbuch der Allgemeinen Museologie“, S. 214-220 und in Diethard Herles‘ „Das Museum und die Dinge“, S. 26-29.
[24] Vgl. Rump, Hans-Uwe: Museumspädagogik - zum Nutzen von Schule und Museum. In: Museums-Pädagogisches Zentrum München (Hrsg.): Museumspädagogik für die Schule. Grundlagen, Inhalte und Methoden. München: MPZ 1998, S. 21.
[25] Vgl. Vieregg: Positionen museumspädagogischer Arbeit, S. 31.
[26] Vgl. Herles: Das Museum und die Dinge, S. 25.
[27] Vgl. ebd., S. 33.

Museumspädagogik wird zudem meist dann verwendet, wenn es um die personale Betreuung von Besuchern, zumeist Kindern, geht. Ich glaube hingegen, dass das zu eng gefasst ist, da auch Erwachsene lernen und gerade im Zuge der Zielstellung des „Lebenslangen Lernens“ sollte dies überdacht werden; hier unterstützt mich der Autor, denn auch er glaubt, dass sich gerade Museen und Ausstellungen für das lebenslange Lernen anbieten. Zu den Aufgaben der Museumspädagogik gehören neben der Besucherbetreuung pädagogische Überlegungen mit zugrunde liegenden Intentionen, didaktisch-methodischen Entscheidungen sowie deren Umsetzung in die Praxis. Außerdem ist Museumspädagogik nicht nur auf Kinder zu beziehen,[28] stattdessen sind ihre Zielgruppen breite Schichten der Bevölkerung. Neben gezielten Programmen, die Schulklassen beim Besuch durchführen können, gehören aber auch die Ausarbeitung von Hinweistafeln und Informationsblättern, die Auswahl und Aufstellung elektronischer Medien sowie die Organisation und Durchführung von Vorträgen und Workshops für Erwachsene und Familien zum Tätigkeitsbereich der Museumspädagogen.[29] Die von mir geschilderten Aufgaben der Museumspädagogik hat die Autorin Marie-Louise Schmeer-Sturm auf die folgenden vier Unterpunkte zusammengekürzt: die Museumskunde, die sich mit der Sammlung und Aufbereitung von Informationen befasst, die Museumspädagogische Forschung, die sowohl Besucher- und Rezeptionsforschung als auch Analyse von Vermittlungstheorien betreibt, die Museumsdidaktik, die sich ausschließlich auf die Ausstellung bezieht, und die Museumspädagogische Praxis, die sich mit Angeboten für spezielle Zielgruppen auseinandersetzt.[30]

Doch nicht nur die Arbeit im Museum selbst kann Aufgabe eines Museumspädagogen sein, denn aufgrund der neuen Medien und der starken Internetpräsenz gibt es vermehrt auch museumspädagogische Onlineprojekte wie das Deutsche Historische Museum[31] mit seinen zahlreichen Informations- und Recherchemöglichkeiten oder das sehr übersichtliche und informative Museumsportal WebMuseum[32], das nicht nur für deutsche Museen, sondern unter anderem auch für Museen in Österreich und der Schweiz zuständig ist; ähnlich funktioniert auch das rein deutsche Museumsportal www.museum.de.[33]

---

[28] Vgl. ebd., S. 34f.
[29] Vgl. Rese: Didaktik im Museum, S. 44.
[30] Vgl. Schmeer-Sturm, Marie-Louise: Museumspädagogik als Teilbereich der allgemeinen Pädagogik unter besonderer Berücksichtigung anthropologischer Aspekte. In: Vieregg, Hildegard/ Schmeer-Sturm, Marie-Louise/ Thinesse-Demel, Jutta/ u.a. (Hrsg.): Museumspädagogik in neuer Sicht. Erwachsenenbildung im Museum. Band I: Grundlagen - Museumstypen - Museologie. Baltmannsweiler: Schneider Verlag Hohengehren 1994, S. 42f.
[31] Erreichbar ist dieses seriöse und informative Onlineportal über www.dhm.de.
[32] Diese Homepage ist unter folgender Adresse zu finden: www.WebMuseen.de.
[33] Vgl. Schuck-Wersig, Petra/ Wersig, Gernot/ Prehn, Andrea: Multimedia-Anwendungen in Museen. Berlin: Institut für Museumskunde 1998 (= Mitteilungen und Berichte aus dem Institut für Museumskunde; Bd. 13), S. 130.

Die auf einer fachwissenschaftlichen Grundlage basierende Museumspädagogik ist unter anderem an die Ausstellungsgüter der Museen gebunden und soll die Erweiterung der alltäglichen Lebenspraxis ermöglichen, sodass es nicht um die Vermittlung von Wissensinhalten an sich, sondern um den Bezug zur eigenen Lebenswelt geht.[34] Zudem haben Museen eine verantwortungsbewusste Auseinandersetzung mit der Zukunft zur Aufgabe, denn gerade im Hinblick auf die Globalisierung ist dies meiner Meinung nach eine Aufgabe von zunehmender Wichtigkeit, schließlich kann man aus der Geschichte nicht nur für den Umgang mit der Gegenwart, sondern auch für die Zukunft lernen.[35] Museen zielen außerdem auf die sinnenhafte Begegnung mit dem „zeitlich, räumlich, geistig Entfernte[n]“[36] sowie auf die Fähigkeit bewusster Auseinandersetzung, Wertschätzung, Reflexion und Kritik ab.[37]
Die Probleme vor denen Museumspädagogen immer wieder stehen, sind hingegen ebenso vielfältig wie ihre Aufgaben und Ziele. Denn einerseits nehmen Museumspädagogen oft „eine Art Exotenrolle im Museum“[38] ein und arbeiten getrennt von den anderen Mitarbeitern und Museumsaufgaben ihre Programme aus und andererseits sind sie in kleineren Museen für alles zuständig.[39] Meines Erachtens können allerdings beide Möglichkeiten Vor- und Nachteile haben, denn wenn eine Person alle Entscheidungen allein trifft, dann steht meist der pädagogische oder fachwissenschaftliche Bereich als persönliche Präferenz des Mitarbeiters im Vordergrund und es kann dadurch ebenso zu einem Ungleichgewicht bei der Ausstellungskonzeption kommen wie bei mangelnder Kommunikation und Kooperation zweier Mitarbeiter. Für eine gute museumspädagogische Arbeit, dauerhafte Programme und Ausstellungen ist zudem ein fest angestellter Mitarbeiter wichtig, denn meist ist eine längerfristige Auseinandersetzung mit dem museumspädagogischen Programm und den Schulen notwendig, die „länger dauert als die Beschäftigungszeit einer ABM-Kraft.“[40] Hier wird besonders deutlich, denke ich, dass die Basis für ein gutes Museum unter anderem ein einträglicher Etat bildet, der alle weiteren Entscheidungen über Anschaffung und Einsatz von Exponaten, Programmen und Medien maßgeblich beeinflusst. Außerdem steht die Museumspädagogik vor allem vor dem Problem, dass die Fachwissenschaft eine Art „Vorherrschaft im Museumswesen“ einnimmt und sie daher eher in den Hintergrund drängt, was auch mit der bereits erwähnten Angst vor Verschulung zusammenhängt.[41]

---

[34] Vgl. Herles: Das Museum und die Dinge, S. 38.
[35] Vgl. ebd., S. 219.
[36] Ebd., S. 229.
[37] Vgl. ebd., S. 229f.
[38] Nuissl/ Paatsch,/ Schulze (Hgg.): Besucher im Museum - ratlos?, S. 19.
[39] Vgl. ebd., S. 19.
[40] Ebd., S. 32.
[41] Vgl. Herles: Das Museum und die Dinge, S. 80.

Dennoch hat das Museum ganz klar einen Bildungsauftrag, auf den das ICOM in seiner veröffentlichten Museumsdefinition explizit hinweist: „The museum should take every opportunity to develop its role as an educational resource used by all sections of the population or specialized group that the museum is intended to serve“[42]. Außerdem darf man nicht vergessen, dass „man der Didaktik eine hervorragende Funktion [zuweist], weil erst sie die Massen ins Museum strömen lasse“[43].

2.) Hauptteil - Das Gellert-Museum Hainichen -

2.1) Die Ausstellung aus museumspädagogischer Sicht

Dass auch die Ausstellung unter museumspädagogischen Aspekten konzipiert werden kann und sollte, habe ich bereits im Abschnitt zu den Zielen und Aufgaben der Museumspädagogik deutlich gemacht, wie die Ausstellungskonzeption im Gellert-Museum Hainichen aus museumspädagogischer Sicht zu bewerten ist, möchte ich im Folgenden darlegen.
Lernen erfolgt über ein sogenanntes interaktives Dreieck aus Lehrer, Lerner und Lerngegenstand, das im Museum hingegen aus dem musealen Objekt, den Elementen der Vermittlung als eine Art Lehrer und dem Besucher als Lerner besteht. Elemente der Vermittlung sind beispielsweise die Präsentationsweise oder Führung.[44] Die Kernpunkte der Kommunikation im Museum bilden die Präsentation und Rezeption. Aus museumspädagogischer Sicht meint die Präsentation dabei die „wissenschaftlich didaktisch-methodische und ästhetisch-attraktive Gestaltung der Ausstellung“[45] und die Rezeption umfasst die „pädagogisch effektive Vermittlung und Aneignung der Ausstellungsaussagen“[46] für die unterschiedlichen Altersgruppen, Bildungsvoraussetzungen und Interessen. Hier wird deutlich, dass sowohl die Auswahl der Exponate als auch deren Anordnung und die Führung museumspädagogisch konzipiert werden können. Da es bei der Konzeption einer Ausstellung neben fachlicher Kompetenz ebenso eine ästhetische und eine Vermittlungskompetenz braucht, ist hier die Zusammenarbeit von Fachwissenschaftlern und Pädagogen besonders wichtig, geradezu notwendig.[47] Denn einerseits warf man Museen oft eine rein passive

[42] International Council of Museum (Hrsg.): Statutes. Code of Professional Ethics. Paris: ICOM 1990, S. 26.
[43] Hochreiter, Walter: Vom Musentempel zum Lernort. Zur Sozialgeschichte deutscher Museen 1800-1914. Darmstadt: Wissenschaftliche Buchgesellschaft 1994, S. 229.
[44] Vgl. Nuissl/ Paatsch,/ Schulze (Hgg.): Besucher im Museum - ratlos?, S. 3.
[45] Tripps, Manfred: Museumspädagogik - Definition und Sinn. In: Vieregg, Hildegard/ Schmeer-Sturm, Marie-Louise/ Thinesse-Demel, Jutta/ u.a. (Hrsg.): Museumspädagogik in neuer Sicht. Erwachsenenbildung im Museum. Band I: Grundlagen - Museumstypen - Museologie. Baltmannsweiler: Schneider Verlag Hohengehren 1994, S. 41.
[46] Ebd., S. 41.
[47] Vgl. Herles: Das Museum und die Dinge, S. 11.

Rezeption vor, die über das bloße Lesen von Beschriftungstafeln selten hinausging,[48] und anderseits ist problematisch, dass Bildung eng mit Lernen verbunden ist, was wiederum „sehr stark mit Vorurteilen und häufig mit emotionsgeladenen Bewertungen besetzt“[49] ist. Deshalb muss im Museum auf phantasievolle und kreative Art gelernt werden, was im Gellert-Museum meines Erachtens nur in den pädagogischen Programmen nicht mit der Ausstellung selbst, die sehr kühl wirkt, verwirklicht wird. Vor allem Texte und technische Medien, die auf bloße Rezeption ohne direkte Auseinandersetzung mit dem Dargebotenen ausgelegt sind, können den Besucher in die Konsumentenrolle drängen, was einem Konzept von besucherorientierten Vermittlungsformen, wie es angestrebt werden sollte, entgegen steht.[50] Im Gellert-Museum werden zwar moderne Medien eingesetzt, aber sie erfüllen ausschließlich den Zweck der passiven Rezeption. Stattdessen sollten die Objekte und Medien zur Interaktion verleiten und auch der Einzelbesucher zum aktiven Handeln aufgefordert werden.[51] Im Gellert-Museum wird das zum einen zwar über die ausziehbaren Kästen, Gucklöcher und Audiokästen möglich, aber nur in einem sehr begrenzten Maße. Allerdings befindet man sich meiner Meinung nach dabei auch immer auf einem schmalen Grat zwischen einem angemessenen und zugleich aktiv rezipierenden Rahmen, sodass das entdeckende Lernen zwar gefördert wird, es aber nicht in eine reine Spielerei ausartet. Ein wirkliches „Modell zum Anfassen“[52], das neben den Augen auch den Tastsinn anspricht, gibt es in der Ausstellung des Gellert-Museums jedoch nicht. Die Forschung bemängelt außerdem, dass auch Geruchs- und Gehörsinn häufig zu kurz kommen,[53] doch im Gellert-Museum wird man zumindest dem akustischen Sinn über die Hörstationen gerecht. Neue Medien können gezielt als didaktische Materialien eingesetzt werden, sodass mit ihnen gearbeitet und neue Inhalte erschlossen werden können,[54] die Hörstationen im Gellert-Museum dienen meiner Auffassung nach allerdings lediglich der reinen Informationsgewinnung, sodass die Besucher über die Rezeption Gellerts bei anderen Zeitgenossen informiert werden und Ausschnitte aus seinen

---

[48] Vgl. Nuissl/ Paatsch,/ Schulze (Hgg.): Besucher im Museum - ratlos?, S. 37.
[49] Ebd., S. 3.
[50] Vgl. ebd., S. 38.
[51] Vgl. Wiese, Magret: Der vergessene Besucher. Plädoyer für ein sinnliches Museumserlebnis in einer sinnenlosen Gesellschaft. In: Knoche, Andrea/ Moritz, Marina (Hrsg.): Mensch und Museum. Möglichkeiten und Grenzen gegenwärtiger Museumsarbeit. 12. Arbeitstagung der Arbeitsgruppe „Kulturhistorische Museen“ in der Deutschen Gesellschaft für Volkskunde vom 2. bis 5. Oktober 1996 in Erfurt. Referate und Diskussionen. Erfurt: Museum für Thüringer Volkskunde 1997, S. 45.
[52] Schmeer-Sturm, Marie-Louise: Sinnenorientierte Museumspädagogik. In: Vieregg, Hildegard/ Schmeer-Sturm, Marie-Louise/ Thinesse-Demel, Jutta/ u.a. (Hrsg.): Museumspädagogik in neuer Sicht. Erwachsenenbildung im Museum. Band I: Grundlagen - Museumstypen - Museologie. Baltmannsweiler: Schneider Verlag Hohengehren 1994, S. 52.
[53] Vgl. ebd., S. 52.
[54] Vgl. Rese: Didaktik im Museum, S. 87.

Fabeln und anderen Werken auf Deutsch, Französisch oder Englisch, um zumindest auch fremdsprachlichen Besuchern einen Zugang zum Museum zu ermöglichen, hören können.
Auch der Einsatz der Exponate muss museumspädagogisch durchdacht werden. Allerdings fängt die Arbeit der Museumspädagogen bereits bei der Auswahl der Objekte an und setzt sich dann bei der Planung zu deren Anordnung fort, denn selbst über die gezielt didaktischen Grundsätzen folgende Anordnung der Exponate kann ein wesentlicher Teil der Vermittlung erfolgen, die keinen weiteren zusätzlichen Erklärungen bedarf.[55] Dies geschieht meines Erachtens beispielsweise darüber, dass die Objekte in eine zeitliche Chronologie gebracht oder bestimmten Themen zugeordnet werden, wie es mithilfe der verschiedenen Themenräume im Gellert-Museum versucht wird. Dem entgegen steht hingegen der fiktive Reisebericht, der sowohl entgegen der normalen Lauf- und Leserichtung aufgehängt ist als auch falsche Schlüsse zulässt, da dessen Fiktivität für den Besucher nicht wirklich ersichtlich wird, wie wir während der Diskussion im Seminar deutlich machen konnten. Da die Art und Weise der Aufstellung von Exponaten zudem den Denk- und Erkenntnisprozess beim Besucher fördern soll,[56] könnte man die Anordnung der einzelnen Reiseberichte entgegen der gewohnten Lese- und Laufrichtung damit erklären, doch dass es sich dabei um keinen realen Bericht handelt, muss trotzdem für den Leser durch eine Hinweistafel ersichtlich werden, da es sich meines Erachtens sonst um Irreführung der Besucher handelt.
Die Exponate sollen dazu auffordern, ihre historischen und kulturellen Kontexte zu hinterfragen, doch um eine Überforderung der Besucher und somit eine geringere Aufnahmefähigkeit zu vermeiden, ist seitens des Museumspädagogen eine Selektion der Exponate erforderlich, die gleichzeitig aber auch dazu führt, dass dem Besucher bestimmte Informationen vorenthalten werden,[57] sodass aus diesem Grund und weil eine bloße Darbietung historischer Quellen ohne explizite Vermittlung der ursprünglichen Kontexte vom Betrachter respektive Besucher nicht verstanden wird, die Vermittlung von besonderer Wichtigkeit ist.[58] Hier sei unter anderem auf die Beschriftung der einzelnen Objekte und Erklärungen durch eine Führung, die die einzelnen Exponate erläutern und in Beziehung zueinander setzen, verwiesen. Bei der Vermittlung wichtiger Informationen ist außerdem zu beachten, dass den Besuchern oft Kontexte, die wie erwähnt zur Entschlüsselung und zum Verständnis der Exponate notwendig sind, fehlen und das Vorwissen der Besucher

---

[55] Vgl. Herles: Das Museum und die Dinge, S. 107.
[56] Vgl. ebd., S. 108.
[57] Vgl. Rump: Museumspädagogik, S. 22.
[58] Vgl. Herles, Diethard: Mit Schülern im Museum. Ein paar Gedanken... In: Museums-Pädagogisches Zentrum München (Hrsg.): Museumspädagogik für die Schule. Grundlagen, Inhalte und Methoden. München: MPZ 1998, S. 48f.

unterschiedlich ist;[59] so müssen Texte für Schulklassen und Besucher mit wenig Vorwissen anders formuliert werden und für sie sind wahrscheinlich andere Informationen von besonderem Interesse als für Fachwissenschaftler und Spezialisten.[60] Ich möchte allerdings ebenso davor warnen, die Vermittlung für Schüler und Menschen bildungsferner Schichten so zu vereinfachen, dass sie unwissenschaftlich wird und Besucher mit größerem Vorwissen nicht mehr anspricht; um dieses Problem zu umgehen, erscheint mir die Kooperation von Fachwissenschaftlern und Museumspädagogen von dringender Notwendigkeit. Im Gellert-Museum wird dieses Problem meiner Ansicht nach sehr gut mithilfe der Aufziehkästen gelöst, die zusätzliche Informationen für Besucher mit spezielleren Fragestellungen und ausreichendem Vorwissen enthalten. Außerdem ist vor allem bei älteren Ausstellungen Vorsicht geboten, da es passieren kann, dass die zur Veranschaulichung genutzten Texte und Bilder der Einwirkung politischer Systeme unterliegen, wie es während des Nationalsozialismus oder in der DDR geschehen ist; hier besteht die Gefahr der Verfälschung der Wahrheit und des Hinwegtäuschens der Fiktionalität durch vorgeblichen Realismus.[61] Vergleicht man dahingehend das frühere Gellert-Museum mit dem heutigen, erst vor wenigen Jahren neu konzipierten Museum so ist dieses Problem behoben worden.[62]

Das Problem des mangelnden Vorwissens auf Seiten des Museumsbesuchers thematisiert auch Andreas Weber und vertritt die Ansicht, dass dies vor allem für Literaturmuseen zutreffe, weil „sich bei den derzeitigen Konzeptionen [die Literatur selbst] nur dem vorgebildeten Publikum [erschließt]“[63]; der durchschnittlich gebildete Bürger müsse sich hingegen an Kostümen oder biografischen Exponaten „ergötzen“[64]. Er fordert daher, dass die Didaktik in Literaturmuseen nicht mehr nur auf Experten, sondern den sogenannten Otto-Normal-Verbraucher zugeschnitten werden sollte. Eine Lösung sieht er vor allem im Einsatz von neuen Medien bei der Präsentation, um so jeden Besucher orientiert an seinem Vorwissen spezifisch zu informieren und damit auch bei mangelndem Vorwissen, wie es häufig über die Person Gellerts der Fall ist, Zugangswege zu eröffnen.[65] Bisher findet dies in der Form in

[59] Vgl. Herles: Das Museum und die Dinge, S. 66.
[60] Vgl. ebd., S. 101f.
[61] Vgl. Ernst, Wolfgang: Geschichte, Theorie, Museum. In: Friedl, Gottfried/ Muttenthaler, Roswitha/ Posch, Herbert (Hrsg.): Erzählen, Erinnern, Veranschaulichen. Theoretisches zur Museums- und Ausstellungskommunikation. Wien: Verein Arbeitsgruppe für theoretische und angewandte Museologie 1992 (= Museum zum Quadrat; Bd. 3), S. 36.
[62] Informationen zur früheren Ausstellung finden Sie in Karl Wolfgang Beckers „Gellert-Museum Hainichen. Führungsschrift 1988“.
[63] Weber, Andreas: Multimedialer Computereinsatz am Beispiel von Literaturmuseen. In: Vieregg, Hildegard/ Schmeer-Sturm, Marie-Louise/ Thinesse-Demel, Jutta/ u.a. (Hrsg.): Museumspädagogik in neuer Sicht. Erwachsenenbildung im Museum. Band I: Grundlagen - Museumstypen - Museologie. Baltmannsweiler: Schneider Verlag Hohengehren 1994, S. 215.
[64] Ebd., S. 215.
[65] Vgl. ebd., S. 215ff.

Hainichen zwar noch nicht Anwendung, aber möglich wäre es sicherlich. Eine andere, weit billigere Möglichkeit, um dieses Problem zu beheben, wäre auch der Einsatz von Begleitmaterialien,[66] im Gellert-Museum wird dabei mit dem Projekt „Gellerts Wundertüte“[67] geworben, dass Kindern den Zugang zur Dauerausstellung erleichtern soll; für Erwachsene gibt es jedoch kein adäquates Begleitmaterial.

Für eine erfolgreiche und gut besuchte Ausstellung ist weiterhin eine bestimmte Aura, die vom Exponat ausgeht, und eine Faszination des Authentischen wichtig und meist das, was die Besucher anzieht,[68] doch davon gibt es im Gellert-Museum aufgrund der Tatsache, dass erst seit Schiller begonnen wurde, Dinge bewusst zur Überlieferung zu sammeln, nur sehr wenig. Trotz einiger Versuche durch Replikationen und museumspädagogische Programme gelingt dies meiner Meinung nach jedoch kaum.

Zur Ausstellung können im Gellert-Museum auf Wunsch auch Führungen in Anspruch genommen werden, die sich als personale Vermittlungsform vor allem bei Schulklassen und anderen homogenen Gruppen anbieten, da hier alle Besucher über ähnliches Vorwissen und gleiche Zielstellungen verfügen, sodass die Inhalte der Führung darauf abgestimmt werden können, während dies bei ad-hoc-Führungen mit einer heterogenen Gruppe nur schwer möglich ist. Führungen können monologischer Art, wie es Erwachsene meist wünschen, oder dialogischer Art, wie es sich als Frage-Antwort-Spiel besonders bei Schülern anbietet, sein.[69] Diese Form der aktiven und direkten Kommunikation und Interaktion helfen meines Erachtens außerdem eher Denk- und Erkenntnisprozesse anzuregen als es bei passiver Kommunikation über das Lesen von Texten der Fall ist. Allerdings zielen museumspädagogische Ansätze darauf ab, die Besucher etwas selbst entdecken zu lassen und nicht durch den Museumsführer, wie es Eva Sturm zutreffend beschreibt:

> „Entdecken beinhaltet immer einen Moment der Überraschung, des Zufalls oder des Zufallens. In Wirklichkeit entdeckt der Führer die Dinge im Museum, bzw. er entdeckt sie eigentlich nicht, deckt sie eher auf und zu und das Publikum, welches (vielleicht) gekommen ist, um die Objekte zu sehen, sieht dem Führer zu.“[70]

---

[66] Vgl. Noschka-Roos, Annette: Besucherforschung und Didaktik. Ein museumspädagogisches Plädoyer. Opladen: Leske + Budrich 1994 (= Berliner Schriften zur Museumskunde; Bd. 11), S. 73.

[67] http://www.gellert-museum.de/index1024.php, letzter Zugriff: 12.03.2009.

[68] Vgl. Wohlfromm: Museum als Medium, S. 25.

[69] Vgl. Nuissl/ Paatsch,/ Schulze (Hgg.): Besucher im Museum - ratlos?, S. 45f.

[70] Sturm, Eva: Sprechen im Museum. „Der Mund ist die Wunde des Alphabets“. In: Friedl, Gottfried/ Muttenthaler, Roswitha/ Posch, Herbert (Hrsg.): Erzählen, Erinnern, Veranschaulichen. Theoretisches zur Museums- und Ausstellungskommunikation. Wien: Verein Arbeitsgruppe für theoretische und angewandte Museologie 1992 (= Museum zum Quadrat; Bd. 3), S. 123.

Außerdem macht sie in ihrem Aufsatz darauf aufmerksam, dass der Museumsführer durch die Art seines Vortrags und dem, was er sagt, meist vorgibt, wie die Objekte zu bewerten sind, ohne dass die Besucher die Möglichkeit haben, sich eine eigene Meinung zu bilden oder Nachfragen zu stellen. Dabei spricht sie sogar von einer „bevormundende[n] Bedeutungsstiftung“[71], die die „Mehrschichtigkeit und Vieldimensionalität von Welt und Objekten“[72] übersieht, ja sogar wegrationalisiert, wie man es auch Frau Fischer im Gellert-Museum vorwerfen könnte. Denn meinem Eindruck nach lebt dieses Museum einerseits von ihr, ihrem einzigartigen Engagement und Ideenreichtum und andererseits ist sie während der Führungen so präsent und kommunikativ, dass beim Besucher weder Raum noch Zeit für eigene Denkprozesse bleibt.

Generell stehen Dauerausstellungen zudem vor dem Problem, dass ein und dieselben Besucher damit selten erneut angelockt werden können.[73] Dem tritt man in Hainichen durch zusätzliche Sonderausstellungen, Veranstaltungen, Workshops für Erwachsene und museumspädagogische Programme für verschiedene Altersgruppen, sodass ein und dieselbe Klasse in der 5. Jahrgangsstufe zum Thema „Fabeln“ und in der 8. Klasse oder Sekundarstufe II zum Thema „Aufklärung“ arbeiten kann, entgegen, was ich vor allem in Kombination mit den Stadtführungen für ein erfolgversprechendes Konzept halte.

Weiterhin darf nicht übersehen werden, dass der Ausstellungsleiter zahlreiche konservatorische Vorgaben, Sicherheitsaspekte, die vorhandenen Räumlichkeiten sowie bestimmte personelle und finanzielle Ressourcen bei der Ausarbeitung seines Konzepts zu berücksichtigen hat,[74] sodass meiner Ansicht nach auch aufgrund dessen vielfach gute museumspädagogische Ansätze scheitern.

2.2) Museumspädagogische Programme

Vor allem in speziellen museumspädagogischen Programmen kann das Museum als Erlebnis-, Lern- und Bildungsort zugleich fungieren.[75] Denn besonders in diesen Programmen, bei denen die Zielgruppen des Gellert-Museums zentral Schulklassen sind, bietet sich Lernen mit allen Sinnen und Anschaulichkeit an, sodass auch die Lernmotivation steigt. Außerdem darf man nicht vergessen, dass viele Kinder durch einen Museumsbesuch erst diese Institution kennenlernen und vorher noch gar nicht kannten. Zudem wirbt jedes Museum aus finanziellen

[71] Ebd., S. 126.
[72] Ebd., S. 127.
[73] Vgl. Herles: Das Museum und die Dinge, S. 197.
[74] Vgl. Rump: Museumspädagogik, S. 16.
[75] Vgl. ebd., S. 12.

Gründen um Besucher, sodass ein schulischer Museumsausflug zumeist die Voraussetzung für einen privaten Besuch mit der Familie schafft.[76] Das Gellert-Museum ist besonders stark von Schulklassen abhängig, da Gellert im Vergleich zu Goethe, Schiller oder Lessing in der Bevölkerung wenig bekannt aber im Lehrplan verankert ist, das Museum und Hainichen selbst sehr abgelegen sind und die Stadt kein touristisches Ziel im Sinne eines Wintersport- oder Naherholungsgebiets darstellt.

Dem Lernort Museum mit seinen Exponaten als objektive Seite wird die subjektive Seite des Lernens mit den Dimensionen des Pragmatischen, Kognitiven und Emotional-Affektiven entgegen gestellt.[77] Diese gängigen Unterrichts- und Lernziele sind meiner Meinung nach hervorragend in die Programme des Gellert-Museums eingebunden. Emotional-affektive Ziele werden unter anderem über die Inszenierung kleiner Theaterstücke und Rollenspiele wie zum Beispiel mit der Gruppenarbeit „Fabelhafte Zeitreise im Koffer" erreicht, da sich der Schüler in die jeweilige Person oder Situation hineinversetzen und Empathie empfinden muss, um sie spielen zu können. Die kognitive Dimension wird beispielsweise bei der Thematik „Aufklärung"[78] angesprochen, da sich Schüler mit den historischen Hintergründen und den verschiedenen Strömungen auseinandersetzen müssen. Die pragmatische Dimension ist dann erfüllt, wenn der Besucher einen Alltagsbezug herstellen kann, das Dargestellte also eine kulturgeschichtliche Funktion erfüllt, was meines Erachtens unter anderem in den Vor- und Grundschulprogrammen „Vom Stilus zum Gänsekiel" und „Papierschöpfen" erreicht wird. Da sich diese Themen gut in den Unterricht integrieren lassen und Frau Fischer das Konzept direkt an den Lehrplan angepasst hat, bietet sich das Gellert-Museum als außerschulischer Lernort geradezu an.

Lernpsychologische Chancen bei Exkursionen sehe ich in der Motivationssteigerung und dem situierten Lernen, denn Lernen kann man nur, wenn man etwas aufmerksam wahrnimmt und sich mit ihm aktiv auseinandersetzt.[79] Die museumspädagogischen Programme in Hainichen sind direkt darauf angelegt und fordern mittels Rollenspielen, szenischen Lesungen oder Arbeitsblättern zur aktiven Auseinandersetzung mit den Themen „Aufklärung" und „Fabeln" auf. Allerdings möchte ich hier auch kritisieren, dass die direkte Auseinandersetzung mit der Person Gellert nur in sehr beschränktem Maße stattfindet und sich die Programme eher auf weitere Themenkreise beziehen. Um sicherzustellen, dass die Schüler den Bezug zwischen

---

[76] Vgl. Herles: Das Museum und die Dinge, S. 194ff.
[77] Vgl. Hochreiter: Vom Musentempel zum Lernort, S. 230f.
[78] Hier handelt es sich um das museumspädagogische Programm „Forum zur Aufklärung" für die Klasse 11 im Fach Deutsch. Nähere Informationen zu den einzelnen von mir thematisierten Programmen erhalten Sie auf www.gellert-museum.de unter dem Punkt „Museumspädagogik" oder auf dem weniger aktuellen Museumsflyer „Gellert beflügelt", weshalb ich diese im weiteren Verlauf meiner Arbeit nicht wieder zitieren werde.
[79] Vgl. Dühlmeier: Außerschulische Lernorte, S. 20.

den Fabeln oder der Aufklärung und Gellert herstellen können, wäre daher eine vorherige Thematisierung im Unterricht als Vorbereitung auf die Exkursion ratsam.
Indem der im Unterricht behandelte Stoff zur Biografie Gellerts oder den Merkmalen einer Fabel dann im Museum durch praktische Übungen untersetzt wird, kann der Entstehung sogenannten „trägen Wissens“ entgegengewirkt werden, da hier Schul- mit Alltagswissen verbunden und das erworbene, kognitive Wissen in der konkreten alltäglichen Situation nutzbar gemacht wird. Weiterhin können fachspezifische Methoden- und Arbeitstechniken wie Recherche- und Präsentationsformen sowie soziales Lernen, worunter Kooperationsfähigkeit, Toleranz, Durchsetzungsvermögen, Hilfsbereitschaft, Rücksicht, Kommunikation und Interaktion gleichermaßen zu verstehen sind, geschult werden.[80] Möglich ist dies beispielsweise bei der Gruppenarbeit mit anschließender Präsentation im Programm „Forum zur Aufklärung“ oder bei der Auswertung von Quellen im Programm „Aus Quellen schöpfen…“, sodass hier das „Lernen an außerschulischen Lernorten somit einen Beitrag zur Qualitätssteigerung des […] Unterrichts leisten [kann].“[81]
Einen besonders großen Vorteil der museumspädagogischen Programme des Gellert-Museums möchte ich allerdings noch hervorheben, denn sie ermöglichen zahlreiche fächerübergreifende Verbindungen, die sich bei Literaturmuseen generell anbieten, da es beispielsweise Schnittstellen zwischen Deutsch, Geschichte, Kunst und Musik gibt. Über die Verknüpfung der verschiedenen Bereiche wird die Vielschichtigkeit und gegenseitige Einflussnahme deutlich, sodass dem Schüler dadurch meiner Ansicht nach eher bewusst wird, wie historische Entwicklungen auf die Literaturproduktion und -rezeption einwirken und wie sich dies auch in der Kunst und Musik niederschlägt. Schließlich muss dem Schüler klar werden, dass die künstliche Aufgliederung in Fächer nur in der Schule vorliegt.[82]
Wenngleich diese Programme[83] sehr vielfältig sind und das Lernen fördern, sehe ich auch Probleme und Grenzen in deren Einsatz, denn Exkursionen sind für den Lehrer auch mit einem enormen organisatorischen und zeitlichen Aufwand verbunden.[84] Des Weiteren sind die Programme im Gellert-Museum meist an eine recht kleine Gruppengröße gebunden, was auch den vorhandenen Räumlichkeiten geschuldet ist, aber der eigentlichen Klassengröße meist entgegensteht. Zudem ist es Aufgabe des Lehrers, dass die Inhalte der Programme durch

[80] Vgl. ebd., S. 21.
[81] Ebd., S. 21.
[82] Vgl. Hey, Bernd: Die historische Exkursion. Zur Didaktik und Methodik des Besuchs historischer Stätten, Museen und Archive. Stuttgart: Klett 1978 (= Anmerkungen und Argumente; Bd. 19), S. 86.
[83] Weitere empfehlenswerte Programme, die privat oder seitens der Schule mit Kindern und Jugendlichen in Museen durchgeführt werden können, schlägt Magda Antonić in ihrem Buch „Abenteuer Museum. Entdecken. Spielen. Selbermachen“ vor.
[84] Vgl. Dühlmeier: Außerschulische Lernorte, S. 27.

eine intensive Vor- und Nachbereitung des Themas in den Unterricht eingebaut und nicht als bloße Unternehmung mit Unterhaltungseffekt für einen anstehenden Wandertag gebraucht werden, da meines Erachtens sonst jedes (museums-)pädagogische Ziel verfehlt wird.[85] Gleichzeitig sollten das Lernen und die Wissensvermittlung aber nicht im Vordergrund stehen, da die Schüler sonst jegliche Lust an einem weiteren Museumsbesuch verlieren, wenn sie nicht die Möglichkeit haben, sich Dinge in Ruhe und nach ihrem persönlichen Interesse anzuschauen und stattdessen ständig mit Arbeitsblättern, die es auszufüllen gilt, durch das Museum laufen müssen.[86] Aufgrund dessen wird beispielsweise auch von Klaus Weschenfelder und Wolfgang Zacharias ein offener Umgang mit den Lernzielen, die am Ende nicht wie in einer Leistungskontrolle auf ihre Erreichung hin abgefragt werden sollen, gefordert.[87]

Da „[das Museum] seine besondere Aufgabe in der Ergänzung der Schule [sah und sieht]“[88], sind dessen Programme vorzugsweise auf Schulklassen zugeschnitten und vergisst darüber meines Erachtens den Einzelbesucher und Erwachsene. Der Einzelbesucher wird in Hainichen meiner Ansicht nach kaum angesprochen, da sich selbst die museumspädagogischen Programme für Erwachsene vornehmlich auf eine größere Teilnehmerzahl beziehen, sodass für ihn zumeist nur die Ausstellung an sich bleibt. Allerdings werden zusätzlich auch Workshops wie das „Experimentelle Papierschöpfen“, Stadtrundgänge, Konzerte oder Vorträge angeboten,[89] diese Programme sind aber eher kognitiv auf Wissensvermittlung hin orientiert. Es gibt zwar Autoren, die der Ansicht sind, dass die Institution Museum Erwachsenen die Möglichkeit bietet, spielerisch tätig zu werden, ohne dass sie sich dabei albern und lächerlich vorkommen,[90] aber ich denke, dass genau das der Grund für das geringe Angebot an museumspädagogischen Programmen beziehungsweise deren kognitiver Ausrichtung ist. Denn meiner Auffassung nach nehmen Erwachsene zwar, wenn sie in Begleitung ihrer Kinder sind, die Möglichkeit wahr Dinge auszuprobieren, aber nicht, wenn sie sich allein oder unter einer reinen Erwachsenengruppe im Museum befinden. Unterstützung erhalte ich zudem durch die Erfahrungen Frau Fischers, die mit der Annahme museumspädagogischer Programme speziell für Erwachsene schon mehrfach Probleme hatte.

---

[85] Vgl. Dürr Reinhard, Franziska/ Vuillaume, David (Hrsg.): Staunen, begreifen, liebäugeln - Kinder und Jugendliche im Museum. Baden: hier + jetzt, Verlag für Kultur und Geschichte 2006, S. 21.
[86] Vgl. Hey: Die historische Exkursion, S. 86.
[87] Vgl. Weschenfelder/ Zacharias: Handbuch Museumspädagogik, S. 177.
[88] Hense: Das Museum als gesellschaftlicher Lernort, S. 105.
[89] Informationen zu den Programmen für Erwachsene gibt es auf der Homepage www.gellert-museum.de vorwiegend unter dem Punkt „Museum“ Unterpunkt „Veranstaltungen“ nicht unter „Museumspädagogik“.
[90] Vgl. Nuissl/ Paatsch,/ Schulze (Hgg.): Besucher im Museum - ratlos?, S. 61.

Außerdem haben Erwachsene[91] andere Interessen und stellen andere Ansprüche an ein Museum als Kinder und Jugendliche, sodass sie eher Informationen und Wissensvermittlung in Form der «éducation permanente»[92] wünschen als unterhalten zu werden, weshalb Programme für diese Zielgruppe anders konzipiert werden müssen als für Schüler.[93]

3.) Schlussteil

3.1) Zusammenfassung und Beurteilung der Museumspädagogik im Gellert-Museum

Wie jedes Museum ist auch das Gellert-Museum von Geldern und somit von Besucherzahlen abhängig,[94] weshalb vor allem die vielfältigen museumspädagogischen Programme Besucher, vorrangig Schulklassen, in das abgelegene Museum ziehen sollen. Die Ausstellung selbst versucht jedoch auch andere Zielgruppen anzusprechen und ihren jeweiligen Ansprüchen gerecht zu werden. Dies geschieht, indem Hörstationen und Gucklöcher Neugier wecken sollen und ausziehbare Karteikästen zur Vertiefung und bei speziellen Fragen zur Verfügung stehen. Wie ich im Hauptteil bereits ausführlich dargelegt habe, werden zusätzlich auch Konzerte, Workshops und Lesungen für verschiedene Altersgruppen angeboten. Vielfalt und Aktualität sind demnach meines Erachtens die Stärken des Gellert-Museums. Da die meisten museumspädagogischen Programme allerdings auf Schüler ausgerichtet und direkt an den Lehrplan angepasst sind, gibt es meiner Ansicht nach dahingehend für den Einzelbesucher und Erwachsene allgemein noch Ressourcen.[95]

Positiv zu bewerten sind außerdem die zahlreich ausgearbeiteten Materialien, die es Kinder ermöglichen, die Ausstellung zielgerichtet zu durchqueren und die Aufmerksamkeit bewusst auf eine Fragestellung zu lenken.[96] Unterstützt wird dies auch durch die Gliederung in verschiedene Themenräume, da so zum Beispiel der Lehrer mit seiner Klasse den Fokus des Museumsbesuchs ausschließlich auf das Thema „Fabeln“ oder „Aufklärung“ legen und diesen dafür umso ausführlicher behandeln kann. Sowohl die Ausstellung als auch die

---

[91] Weitere Informationen zu Möglichkeiten der Einbindung junger Erwachsene stehen in der vom MPZ herausgegebenen Monographie „Berufliche Schulen im Museum. Grundlagen, Inhalte, Methoden.“ zur Verfügung.

[92] Hense: Das Museum als gesellschaftlicher Lernort, S. 25.

[93] Vgl. Rump, Hans-Uwe: Im Dienst von Schule und Museum: 25 Jahre Museums-Pädagogisches Zentrum München. In: Museums-Pädagogisches Zentrum München (Hrsg.): Museumspädagogik für die Schule. Grundlagen, Inhalte und Methoden. München: MPZ 1998, S. 10.

[94] Vgl. Albrecht, Roland: Betrachtungen über das Museum im Allgemeinen und über das Museum der unerhörten Dinge im Besonderen. In: Kittlausz, Viktor/ Pauleit, Winfried (Hrsg.): Kunst - Museum - Kontexte. Perspektive der Kunst- und Kulturvermittlung. Bielefeld: transcript Verlag 2006, S. 26.

[95] Vgl. Borchert, Jörn: Das familienfreundliche Museum. Gedanken auf dem Weg zu einer Präsentationskultur. In: Schwarz, Ulrich/ Teufel, Philipp (Hrsg.): Museografie und Ausstellungsgestaltung. Handbuch. Ludwigsburg: Av-Edition 2001, S. 118.

[96] Vgl. Dürr Reinhard/ Vuillaume: Staunen, begreifen, liebäugeln, S. 37.

museumspädagogischen Programme sind unter anderem durch die Hörstationen und das alte mit Handschuhen zu berührende Buch sinnes- und lerntypenorientiert, sodass nicht das bloße Betrachten der Exponate im Mittelpunkt steht. Doch dabei kommt es vorrangig auch nur zur reinen Rezeption und nicht zur wirklichen Auseinandersetzung mit dem Dargestellten.[97] Auch eine direkte Konfrontation mit dem Authentischen respektive Originalen, wie es die meisten Besucher eines Museums erwarten, ist im Gellert-Museum aufgrund der geringen Anzahl an Devotionalien nicht möglich, was allerdings historisch begründet ist, wie ich bereits ausreichend dargelegt habe.

Wenngleich es aus pädagogischer Sicht sinnvoll, sogar notwendig ist Gellerts Wirken in den historischen Kontext einzubetten und auf das geringe Vorwissen der Besucher einzugehen,[98] so spielen Gellert als Person sowie seine einzelnen Werke im Museum doch nur eine untergeordnete, geradezu marginale Rolle, sodass nicht nur in den gesonderten Programmen, sondern auch in der Ausstellung auf breitere Themenkreise wie die Epoche der Aufklärung an sich oder die Geschichte der Fabel zurückgegriffen wird, statt direkt auf ihn einzugehen.

Die museumspädagogischen Programme sind insgesamt trotzdem äußerst empfehlenswert, da sie altersgerecht zur kritischen Auseinandersetzung mit Quellen auffordern, sodass Schüler an eine kritische Haltung und Beurteilung gegenüber Medien und Informationen im Allgemeinen herangeführt werden.[99] Weiterhin werden durch Gruppenarbeiten die sogenannten Schlüsselqualifikationen geschult und Präsentationsformen geübt, wobei meines Erachtens durch Rollenspiele auch die Kreativität und der Spaß nicht zu kurz kommen.[100]

Außerdem habe ich bereits dargelegt, dass sich ein Museumsbesuch als schulische Exkursion vor allem aufgrund der Themen anbietet, da diese dem Lehrer eine gute Vor- und Nachbereitung im Unterricht ermöglichen, was vor dem Besuch zur Vermittlung grundlegender Informationen und im Nachhinein zur Sicherung des Wissens unabdingbar ist.[101]

Im Vergleich zu vielen anderen Museen hat das Gellert-Museum des Weiteren den Vorteil, über eine äußerst engagierte und kommunikative Museumspädagogin zu verfügen, die die vielfältigen Programme und Begleitmaterialien erarbeitet hat sowie stets aktualisiert und als

---

[97] Vgl. ebd., S. 27.

[98] Vgl. Baum, Gerhart: Museen in der politischen Wirklichkeit. In: Klausewitz, Wolfgang (Hrsg.): Museumspädagogik. Museen als Bildungsstätten. Frankfurt am Main: Deutscher Museumsbund 1975, S. 19.

[99] Vgl. Mörsch, Carmen: Künstlerische Kunstvermittlung: Die Gruppe *Kunstcoop©* im Zwischenraum von Pragmatismus und Dekonstruktion. In: Kittlausz, Viktor/ Pauleit, Winfried (Hrsg.): Kunst - Museum - Kontexte. Perspektive der Kunst- und Kulturvermittlung. Bielefeld: transcript Verlag 2006, S. 182f.

[100] Vgl. Kittlausz, Viktor: Kultur/ Vermittlung/ Kunst - Unbestimmte Verhältnisse: Zur gesellschaftlichen Relevanz von Kunstvermittlung, In: Kittlausz, Viktor/ Pauleit, Winfried (Hrsg.): Kunst - Museum - Kontexte. Perspektive der Kunst- und Kulturvermittlung. Bielefeld: transcript Verlag 2006, S. 264.

[101] Vgl. Dürr Reinhard/ Vuillaume: Staunen, begreifen, liebäugeln, S. 19.

Führerin die recht kühl wirkende Ausstellung lebendig macht, was vor allem bei Kindern beliebt ist, da so der „Funke“ beziehungsweise das Interesse auch auf sie überspringt.[102] Gleichzeitig kann meiner Meinung nach zu viel Enthusiasmus bei einer längeren Führung auch als anstrengend empfunden werden und eigene Denk- und Erkenntnisprozesse lähmen.

Zusammenfassend kann man sagen, dass das Museum aus museumspädagogischer Sicht vor allem im Hinblick auf die gesonderten Programme sehr vielfältig, ansprechend und empfehlenswert ist, wenngleich es doch auch ein paar Nachteile gibt. Für den Besuch mit Schulklassen sind die Programme im Gellert-Museum, solange man die Kälte und Personenzahl aufgrund der geringen Raumgröße beachtet, äußerst sinnvoll und für den Unterricht nützlich. Die Ausstellung an sich ist hingegen nüchtern gehalten und spricht aufgrund dessen wohl eher den Einzelbesucher als Kinder und Jugendliche an.

[102] Vgl. ebd, S. 33.

4.) Quellen- und Literaturverzeichnis

4.1) Quellen

Becker, Karl Wolfgang: Gellert-Museum Hainichen. Führungsschrift 1988. Hainichen: Gellert-Museum 1988.

Gellert-Museum Hainichen (Hrsg.): Gellert beflügelt. Museumsflyer.

4.2) Forschungsliteratur

Albrecht, Roland: Betrachtungen über das Museum im Allgemeinen und über das Museum der unerhörten Dinge im Besonderen. In: Kittlausz, Viktor/ Pauleit, Winfried (Hrsg.): Kunst - Museum - Kontexte. Perspektive der Kunst- und Kulturvermittlung. Bielefeld: transcript Verlag 2006, S. 25-36.

Antonić, Magda: Abenteuer Museum. Entdecken. Spielen. Selbermachen. Zürich/ Wiesbaden: Orell Füssli Verlag 2000.

Baum, Gerhart: Museen in der politischen Wirklichkeit. In: Klausewitz, Wolfgang (Hrsg.): Museumspädagogik. Museen als Bildungsstätten. Frankfurt am Main: Deutscher Museumsbund 1975, S. 17-30.

Borchert, Jörn: Das familienfreundliche Museum. Gedanken auf dem Weg zu einer Präsentationskultur. In: Schwarz, Ulrich/ Teufel, Philipp (Hrsg.): Museografie und Ausstellungsgestaltung. Handbuch. Ludwigsburg: Av-Edition 2001, S. 114-129.

Comenius, Johann Amos: Große Didaktik. Stuttgart[7]: Klett-Cotta 1992.

Dühlmeier, Bernd (Hrsg.): Außerschulische Lernorte in der Grundschule. Baltmannsweiler: Schneider Verlag Hohengehren 2008.

Dürr Reinhard, Franziska/ Vuillaume, David (Hrsg.): Staunen, begreifen, liebäugeln - Kinder und Jugendliche im Museum. Baden: hier + jetzt, Verlag für Kultur und Geschichte 2006.

Ernst, Wolfgang: Geschichte, Theorie, Museum. In: Friedl, Gottfried/ Muttenthaler, Roswitha/ Posch, Herbert (Hrsg.): Erzählen, Erinnern, Veranschaulichen. Theoretisches zur Museums- und Ausstellungskommunikation. Wien: Verein Arbeitsgruppe für theoretische und angewandte Museologie 1992 (= Museum zum Quadrat; Bd. 3), S. 7-40.

Hense, Heidi: Das Museum als gesellschaftlicher Lernort. Aspekte einer pädagogischen Neubestimmung. Frankfurt am Main: Extrabuch 1985 (= Forschung; Bd. 18).

Herles, Diethard: Das Museum und die Dinge. Wissenschaft, Präsentation, Pädagogik. Frankfurt am Main/ New York: Campus Verlag 1996.

Herles, Diethard: Mit Schülern im Museum. Ein paar Gedanken... In: Museums-Pädagogisches Zentrum München (Hrsg.): Museumspädagogik für die Schule. Grundlagen, Inhalte und Methoden. München: MPZ 1998, S. 47-50.

Hey, Bernd: Die historische Exkursion. Zur Didaktik und Methodik des Besuchs historischer Stätten, Museen und Archive. Stuttgart: Klett 1978 (= Anmerkungen und Argumente; Bd. 19).

Hochreiter, Walter: Vom Musentempel zum Lernort. Zur Sozialgeschichte deutscher Museen 1800-1914. Darmstadt: Wissenschaftliche Buchgesellschaft 1994.

International Council of Museum (Hrsg.): Statutes. Code of Professional Ethics. Paris: ICOM 1990.

Kittlausz, Viktor: Kultur/ Vermittlung/ Kunst - Unbestimmte Verhältnisse: Zur gesellschaftlichen Relevanz von Kunstvermittlung, In: Kittlausz, Viktor/ Pauleit, Winfried (Hrsg.): Kunst - Museum - Kontexte. Perspektive der Kunst- und Kulturvermittlung. Bielefeld: transcript Verlag 2006, S. 263-302.

Mörsch, Carmen: Künstlerische Kunstvermittlung: Die Gruppe *Kunstcoop©* im Zwischenraum von Pragmatismus und Dekonstruktion. In: Kittlausz, Viktor/ Pauleit, Winfried (Hrsg.): Kunst - Museum - Kontexte. Perspektive der Kunst- und Kulturvermittlung. Bielefeld: transcript Verlag 2006, S. 177-194.

Museums-Pädagogisches Zentrum (Hrsg.): Berufliche Schulen im Museum. Grundlagen, Inhalte, Methoden. München: MPZ 2006.

Noschka-Roos, Annette: Besucherforschung und Didaktik. Ein museumspädagogisches Plädoyer. Opladen: Leske + Budrich 1994 (= Berliner Schriften zur Museumskunde; Bd. 11).

Nuissl, Ekkehard/ Paatsch, Ulrich/ Schulze, Christa (Hgg.): Besucher im Museum - ratlos? Problemstudie zur pädagogischen Arbeit in Museen und Kunstvereinen. Heidelberg: AfeB 1987(= Berichte der AfeB; Bd. 20).

Rese, Bernd: Didaktik im Museum. Systematisierung und Neubestimmung. Bonn: Habelt 1995.

Rump, Hans-Uwe: Im Dienst von Schule und Museum: 25 Jahre Museums-Pädagogisches Zentrum München. In: Museums-Pädagogisches Zentrum München (Hrsg.): Museumspädagogik für die Schule. Grundlagen, Inhalte und Methoden. München: MPZ 1998, S. 7-10.

Rump, Hans-Uwe: Museumspädagogik - zum Nutzen von Schule und Museum. In: Museums-Pädagogisches Zentrum München (Hrsg.): Museumspädagogik für die Schule. Grundlagen, Inhalte und Methoden. München: MPZ 1998, S. 12-29.

Schmeer-Sturm, Marie-Louise: Museumspädagogik als Teilbereich der allgemeinen Pädagogik unter besonderer Berücksichtigung anthropologischer Aspekte. In: Vieregg, Hildegard/ Schmeer-Sturm, Marie-Louise/ Thinesse-Demel, Jutta/ u.a. (Hrsg.): Museumspädagogik in neuer Sicht. Erwachsenenbildung im Museum. Band I: Grundlagen - Museumstypen - Museologie. Baltmannsweiler: Schneider Verlag Hohengehren 1994, S. 42-48.

Schmeer-Sturm, Marie-Louise: Sinnenorientierte Museumspädagogik. In: Vieregg, Hildegard/ Schmeer-Sturm, Marie-Louise/ Thinesse-Demel, Jutta/ u.a. (Hrsg.): Museumspädagogik in neuer Sicht. Erwachsenenbildung im Museum. Band I: Grundlagen - Museumstypen - Museologie. Baltmannsweiler: Schneider Verlag Hohengehren 1994, S. 49-59.

Schuck-Wersig, Petra/ Wersig, Gernot/ Prehn, Andrea: Multimedia-Anwendungen in Museen. Berlin: Institut für Museumskunde 1998 (= Mitteilungen und Berichte aus dem Institut für Museumskunde; Bd. 13).

Sturm, Eva: Sprechen im Museum. „Der Mund ist die Wunde des Alphabets". In: Friedl, Gottfried/ Muttenthaler, Roswitha/ Posch, Herbert (Hrsg.): Erzählen, Erinnern, Veranschaulichen. Theoretisches zur Museums- und Ausstellungskommunikation. Wien: Verein Arbeitsgruppe für theoretische und angewandte Museologie 1992 (= Museum zum Quadrat; Bd. 3), S. 117-132.

Tripps, Manfred: Museumspädagogik - Definition und Sinn. In: Vieregg, Hildegard/ Schmeer-Sturm, Marie-Louise/ Thinesse-Demel, Jutta/ u.a. (Hrsg.): Museumspädagogik in neuer Sicht. Erwachsenenbildung im Museum. Band I: Grundlagen - Museumstypen - Museologie. Baltmannsweiler: Schneider Verlag Hohengehren 1994, S. 38-41.

Vieregg, Hildegard: Positionen museumspädagogischer Arbeit. In: Museums-Pädagogisches Zentrum München (Hrsg.): Museumspädagogik für die Schule. Grundlagen, Inhalte und Methoden. München: MPZ 1998, S. 30-46.

Waidacher, Friedrich: Handbuch der Allgemeinen Museologie. Wien/ Köln/ Weimar: Böhlau 1993 (= Mimundus. Wissenschaftliche Reihe des Österreichischen Theatermuseums; Bd. 3).

Weber, Andreas: Multimedialer Computereinsatz am Beispiel von Literaturmuseen. In: Vieregg, Hildegard/ Schmeer-Sturm, Marie-Louise/ Thinesse-Demel, Jutta/ u.a. (Hrsg.): Museumspädagogik in neuer Sicht. Erwachsenenbildung im Museum. Band I: Grundlagen - Museumstypen - Museologie. Baltmannsweiler: Schneider Verlag Hohengehren 1994, S. 215-230.

Weschenfelder, Klaus/ Zacharias, Wolfgang: Handbuch Museumspädagogik. Orientierungen und Methoden für die Praxis. Düsseldorf[3]: Schwann 1992.

Wiese, Magret: Der vergessene Besucher. Plädoyer für ein sinnliches Museumserlebnis in einer sinnen-losen Gesellschaft. In: Knoche, Andrea/ Moritz, Marina (Hrsg.): Mensch und Museum. Möglichkeiten und Grenzen gegenwärtiger Museumsarbeit. 12. Arbeitstagung der

Arbeitsgruppe „Kulturhistorische Museen“ in der Deutschen Gesellschaft für Volkskunde vom 2. bis 5. Oktober 1996 in Erfurt. Referate und Diskussionen. Erfurt: Museum für Thüringer Volkskunde 1997, S. 44-50.

Wohlfromm, Anja: Museum als Medium - Neue Medien in Museen. Überlegungen zu Strategien kultureller Repräsentation und ihre Beeinflussung durch digitale Medien. Köln: Herbert von Halem Verlag 2002.

4.3) Internetquellen

http://www.gellert-museum.de, letzter Zugriff: 13.03.2009.

http://www.gellert-museum.de/index1024.php, letzter Zugriff: 12.03.2009.